ALBERTINA ANDA ARRIBA
EL ABECEDARIO

ALBERTINA GOES UP
AN ALPHABET BOOK

by
Nancy Maria Grande Tabor

 Charlesbridge

Dedicated to the staff and the children at Flowery School.

Library of Congress Catalog Card Number 92-74500
ISBN 0-88106-638-9 (reinforced for library use)
ISBN 0-88106-418-1 (softcover)

Published by Charlesbridge
85 Main Street, Watertown, MA 02472
(617) 926-0329
www.charlesbridge.com

Printed in Korea
(hc)   10   9   8   7   6   5   4   3   2   1
(sc)   15   14   13   12   11   10   9

Albertina anda arriba en el avión.

Albertina goes up in the airplane.

¿Puedes encontrar
  la araña
  la abeja
  los árboles
  algo que está arriba
  algo que está abajo?

Can you find
  the spider
  the bee
  the trees
  something that is up
  something that is down?

¿Cuántas alas tiene el avión?

How many wings does the airplane have?

¿Cómo se ve el mundo desde arriba en un avión?

How do things look from up in an airplane?

Benito **b**ota el **b**alón **b**ajo el balcón.

¿Puedes encontrar
   el balcón
   algo blanco
   el barco?

¿Dónde viven las ballenas?

¿Para qué sirve un faro?

Benito throws the **b**all under the **b**alcony.

Can you find
   the balcony
   something white
   the boat?

Where do whales live?

What does a lighthouse do?

Carolina **come cacahuates.**

¿Puedes encontrar
  los cacahuates
  el caracol
  algo de color café?

Cuenta los cocos. Cuenta los
cacahuates.

¿Hace frío o hace calor donde
viven los cocodrilos?

Carolina eats peanuts.

Can you find
  the peanuts
  the snail
  something brown?

Count the coconuts. Count the
peanuts.

Is it hot or cold where crocodiles
live?

Chata **chupa ch**ocolate.

¿Puedes encontrar
   los cocos
   el chimpancé
   el chocolate?

¿Son grandes o chicos los
chimpancés?

¿Chacotean mucho los
chimpancés?

Chata snacks on **ch**ocolate.

Can you find
   the coconuts
   the chimpanzee
   the chocolate?

Are chimpanzees big or small?

Do chimpanzees make a lot of
noise?

Dalia **d**a **d**ulces a David.

Dalia gives candies to David.

¿Puedes encontrar
   dos dulces
   dos delfines
   dos ojos?

Can you find
   two candies
   two dolphins
   two eyes?

¿Qué tipo de animal son Dalia y David?

What kind of animal are Dalia and David?

¿De qué color es el agua?

What color is the water?

Ernesto enseña a los estudiantes.   **E**rnesto teaches the students.

¿Puedes encontrar
  un elefante
  dos ojos
  tres bolas en el árbol
  cuatro patas?

Can you find
  one elephant
  two eyes
  three balls on the tree
  four legs?

¿Son enormes o pequeñas las orejas
del elefante?

Are an elephant's ears enormous
or small?

¿Con qué escuchas?

What do you listen with?

Fátima se fija en las flores.	**F**atima notices the flowers.

¿Puedes encontrar
  la foca
  las flores
  la fruta?
	Can you find
	  the seal
	  the flowers
	  the fruit?

¿De qué colores son las flores?	What colors are the flowers?
¿Quién está flotando?	Who is floating?

Gabriel **g**oza los **g**lobos.

¿Puedes encontrar
  el gato
  algo de color gris
  el gorro
  el gusano?

¿Es un gato gordo o flaco?

¿Por qué Gabriel goza los globos?

Gabriel enjoys the balloons.

Can you find
  the cat
  something gray
  the cap
  the worm?

Is it a fat cat or a skinny cat?

Why does Gabriel enjoy the balloons?

Humberto hace helados.

¿Puedes encontrar
  una hormiga
  dos hongos
  la olla honda del helado
  cinco conos
  quince círculos?

¿Qué sabores de helado tiene
Humberto?

¿Qué sabor te gusta más?

Humberto makes ice cream.

Can you find
  one ant
  two mushrooms
  one deep pot of ice cream
  five cones
  fifteen circles?

What flavors of ice cream does
Humberto have?

What flavor do you like best?

Irma irá a la isla.

Irma will go to the island.

¿Puedes encontrar
   la iguana
   la isla
   las plantas?

Can you find
   the iguana
   the island
   the plants?

¿De qué color es la iguana?

What color is the iguana?

¿Por qué crees que Irma quiere ir a la isla?

Why do you think Irma wants to go to the island?

Jorge juega en el jardín.

¿Puedes encontrar
  la jirafa
  la pelota
  el árbol
  el pájaro?

¿Es largo o corto el cuello de la jirafa?

¿Te gustaría tener un cuello tan largo?

Jorge plays in the garden.

Can you find
  the giraffe
  the ball
  the tree
  the bird?

Is the giraffe's neck long or short?

Would you like to have a neck that long?

Karina pesa quince kilos.

¿Puedes encontrar
  una nariz
  dos ojos
  tres ramas
  cuatro patas?

¿Por qué la rama se inclina
cuando Karina se sienta?

¿Dónde viven los koalas?

Karina weighs fifteen kilos. (33 pound)

Can you find
  one nose
  two eyes
  three branches
  four paws?

Why does the branch go down when
Karina sits on it?

Where do koala bears live?

Laura lee libros a la luz de la luna en la laguna.

Laura reads books by the light of the moon in the lagoon.

¿Puedes encontrar
   la luna
   los lirios
   el libro
   la laguna?

Can you find
   the moon
   the lilies
   the book
   the lagoon?

¿Cuántos círculos encuentras?

How many circles do you find?

¿Es luna llena?

Is it a full moon?

Llorona lleva la **ll**anta **ll**ena de lluvia.

¿Puedes encontrar
   las lágrimas
   la lluvia
   la llanta?

¿Qué tipo de animal es Llorona?

¿Por qué está llorando?

Llorona brings the tire full of rain.

Can you find
   the tears
   the rain
   the tire?

What kind of animal is Llorona?

Why is she crying?

Manuel **m**onta su **m**oto.

Manuel rides his **m**otorcycle.

¿Puedes encontrar
  las mariposas
  la moto
  las montañas
  algo morado
  el mar?

Can you find
  the butterflies
  the motorcycle
  the mountains
  something purple
  the ocean?

¿Qué tiene el mapache en su mano?

What does the racoon have in its hand?

¿Preferirías estar en las montañas o en el mar?

Would you like to be at the mountains or the beach?

Nora **n**ada con sus **n**ueve nietos.

¿Puedes encontrar
   las nubes
   el nido
   las naranjas
   los nietos?

¿Cuántas naranjas hay en cada árbol?

¿Cómo se siente Nora nadando con sus nietos?

Nora swims with her nine grandchildren.

Can you find
   the clouds
   the nest
   the oranges
   the grandchildren?

How many oranges are in each tree?

How does Nora feel swimming with her grandchildren?

La señora cigüeña se baña y sueña.

¿Puedes encontrar
  el bañadero
  la piña
  la caña
  la cigüeña?

¿Con qué sueña la cigüeña?

¿A ti te gusta la piña?

Madam Stork takes a bath and dreams.

Can you find
  the water hole
  the pineapple
  the sugar cane
  the stork?

What is the stork dreaming about?

Do you like pineapple?

Ofelia ofrece una oferta.

¿Puedes encontrar
  la oveja
  un ojo
  ocho gorritas
  once calcetines?

¿De dónde viene la lana para la ropa?

Si Ofelia vende pares de calcetines, ¿qué problema tendrá?

Ofelia has a sale.

Can you find
  the sheep
  the eye
  eight caps
  eleven socks?

Where do we get the wool for clothes?

If Ofelia sells pairs of socks, what problem will she have?

Pepe se **p**asea **p**or las **p**iedras.

¿Puedes encontrar
　los peces
　las piedras
　las plantas del mar?

¿Cuántos tentáculos tiene un pulpo?

¿Por qué no hay pájaros en este dibujo?

Pepe takes a walk among the rocks.

Can you find
　the fish
　the rocks
　the sea plants?

How many tentacles does an octopus have?

Why are there no birds in this picture?

Quintana se **q**ueja del **q**ueso.

¿Puedes encontrar
   el queso grande
   quince agujeros en el queso grande
   el queso chiquito
   tres agujeros en el queso chiquito?

¿Cómo sabes que Quintana no está contenta?

¿Por qué se queja?

Quintana complains about the cheese.

Can you find
   the big cheese
   fifteen holes in the big cheese
   the little cheese
   three holes in the little cheese?

How do you know that Quintana isn't happy?

Why does she complain?

Roberto se **r**emoja en el **r**ío.

¿Puedes encontrar
   el rinoceronte
   el río
   las rosas?

¿De qué color son las rosas?

¿Por qué está remojándose?

Roberto soaks in the **r**iver.

Can you find
   the rhinoceros
   the river
   the roses?

What color are the roses?

Why is he soaking himself?

Soledad saca su sombrero.

¿Puedes encontrar
  el sol
  el sombrero
  unas hojas del árbol
  un lugar en la sombra?

¿Duerme la lechuza en el día o en la noche?

¿Por qué está sacando Soledad su sombrero?

Soledad takes out her hat.

Can you find
  the sun
  the hat
  any leaves on the tree
  a place in the shade?

Does the owl sleep in the day or in the night?

Why is Soledad taking out her hat?

Tomás toma té.

¿Puedes encontrar
  la tortuga
  la taza
  trece divisiones en el caparazón
  dos verdes diferentes?

¿Qué comen las tortugas?

¿Dónde viven las tortugas?

Thomas drinks tea.

Can you find
  the turtle
  the tea cup
  thirteen sections on the turtle's shell
  two different greens?

What do turtles eat?

Where do turtles live?

Úrsula **u**sa **un u**niforme.

Ursula wears a **u**niform.

¿Puedes encontrar
  un unicornio
  un cuerno
  un ojo
  una cola
  una cabeza?

Can you find
  one unicorn
  one horn
  one eye
  one tail
  one head?

¿Qué colores hay en este dibujo?

What colors are there in this picture?

¿Por qué crees que Úrsula usa uniforme?

Why do you think Ursula is wearing a uniform?

Verónica vende violetas.

¿Puedes encontrar
  las violetas
  algo de color verde
  veinte puntos negros?

¿Cuántas violetas hay?

¿Hay una docena de flores?

Veronica sells violets.

Can you find
  the violets
  something green
  twenty black dots?

How many violets are there?

Are there a dozen flowers?

William pidió prestado el disco de Wagner.

¿Puedes encontrar
   el cangrejo ermitaño
   el tocadiscos
   el disco
   la letra W que hace la planta?

¿Si el disco es prestado, es de William?

William borrowed the record from Wagner.

Can you find
   the hermit crab
   the record player
   the record
   the letter W that the plant makes?

If the record is borrowed, is it William's record?

Xóchil toca el xilófono.

Xochil plays the xylophone.

¿Puedes encontrar
 a Xóchil
 la letra X
 el xilófono?

Can you find
 Xochil
 the letter X
 the xylophone?

¿De qué colores son las plumas del pájaro?

What colors are the bird's feathers?

¿A ti te gusta la música del xilófono?

Do you like xylophone music?

Yahaira ya tiene yeso.

¿Puedes encontrar
  el yac
  dos cuernos
  el yeso
  tres patas sin yeso?

¿Por qué trae yeso?

¿Por qué se pone yeso cuando
se rompe un hueso?

Yahaira has a cast now.

Can you find
  the yak
  two horns
  the cast
  three legs without a cast?

Why does the yak have a cast?

Why is a cast put on when a bone
is broken?

Zazil zapatea zamba en el zacate.

¿Puedes encontrar
   la zorra
   los zopilotes
   el zacate?

¿Qué buscan los zopilotes?

¿Por qué baila Zazil?

Zazil tap dances knock-kneed in the grass.

Can you find
   the fox
   the buzzards
   the grass?

What are the buzzards looking for?

Why is Zazil dancing?

A   Albertina anda arriba en el avión. Albertina goes up in the airplane.

B   Benito bota el balón bajo el balcón. Benito throws the ball under the balcony.

C   Carolina come cacahuates. Carolina eats peanuts.

Ch Chata chupa chocolate. Chata snacks on chocolate.

D   Dalia da dulces a David. Dalia gives candies to David.

E   Ernesto enseña a los estudiantes. Ernesto teaches the students.

F   Fátima se fija en las flores. Fatima notices the flowers.

G   Gabriel goza los globos. Gabriel enjoys the balloons.

H   Humberto hace helados. Humberto makes ice cream.

I   Irma irá a la isla. Irma will go to the island.

J   Jorge juega en el jardín. Jorge plays in the garden.

K   Karina pesa quince kilos. Karina weighs fifteen kilos. (33 pounds)

L   Laura lee libros a la luz de la luna en la laguna. Laura reads books by the light of the moon in the lagoon.

Ll Llorona lleva la llanta llena de lluvia. Llorona brings the tire full of rain.

M   Manuel monta su moto. Manuel rides his motorcycle.

N   Nora nada con sus nueve nietos. Nora swims with her nine grandchildren.

Ñ   La señora cigüeña se baña y sueña. Madam Stork takes a bath and dreams.

O   Ofelia ofrece una oferta. Ofelia has a sale.

P   Pepe se pasea por las piedras. Pepe takes a walk among the rocks.

Q   Quintana se queja del queso. Quintana complains about the cheese.

R   Roberto se remoja en el río. Roberto soaks in the river.

S   Soledad saca su sombrero. Soledad takes out her hat.

T   Tomás toma té. Thomas drinks tea.

U   Úrsula usa un uniforme. Ursula wears a uniform.

V   Verónica vende violetas. Veronica sells violets.

W   William pidió prestado el disco de Wagner. William borrowed the record from Wagner. The letter W is not part of the Spanish alphabet but it is needed for some names and foreign words.

X   Xóchil toca el xilófono. Xochil plays the xylophone.

Y   Yahaira ya tiene yeso. Yahaira has a cast now.

Z   Zazil zapatea zamba en el zacate. Zazil tap dances knock-kneed in the grass.